Oc 1377

# LA VÉRITÉ
## SUR
# L'ESPAGNE

D'APRÈS

CORNEILLE, VOLTAIRE, ED. QUINET ET F. LOISE

PAR

## MANUEL SALA

De l'Académie littéraire de Cadix, Ex-Rédacteur en chef du « Diario de Sevilla »

### BROCHURE POLITIQUE
AU PROFIT DES VICTIMES DU COMBAT D'ALCOLEA

**SOMMAIRE**

QUE VA-T-ON FAIRE EN ESPAGNE ?
LES ACCOLADES POLITIQUES DE L'ESPAGNE ET UN PRÉTENDANT ANGLAIS
AU SUJET DES PRONUNCIAMENTOS
LES CONTEMPTEURS DU GÉNIE CASTILLAN. — NUEVAS POESIAS

Prix : 50 centimes

EN VENTE

Chez GAYET, Libraire, 133, rue Montmartre.

1868

# ALCOLEA!

Nobles victimes du feu et du sang fratricides, une autre des nombreuses victimes de la guerre civile, un écrivain malheureux vous consacre le premier de ses travaux en langue étrangère ! Recevez avec amour cet humble obole, le fruit de mes nuits aussi tristes que patriotiques !

O mes frères ! ô mères éplorées ! ô veuves ! ô orphelins !... que le Dieu des délaissés de ce monde exauce les vœux que je lui adresse au nom du peuple espagnol, au nom de cette grande infortune, de cette généreuse victime de la politique du sabre !!!

. . . . . . . . . . . . . . . . . . . . . .

Et vous, ô bourreaux de la liberté des peuples ! jetez au loin votre glaive !.... Celui qui compte vingt-et-un membres de sa famille tués ou ruinés par une guerre liberticide, vous en conjure !!!

M. S.

# QUE VA-T-ON FAIRE EN ESPAGNE?

> « Peuple espagnol! trois siècles d'infortunes et d'esclavages n'ont pas suffi à ensevelir et à souiller ta gloire. Valeur! constance! c'est ta devise! souveraine ou esclave, ton sort est encore dans ta main !
>
> . . . . . . . . . . . . . . . . . . . . . . . . .
> . . . . . . . . . . . . . . . . . . . . . . . . .
>
> » Quel sera ton sort, si jamais tu romps ta chaîne, si ta constance indomptable relève la liberté sainte? Ah ! ce jour-là, le despotisme insolent disparaîtra dans le fond des abîmes. »
>
> (Extrait du chant patriotique du prêtre espagnol *Don Alberto Lista* (1), cité par M. Ed. Quinet dans *Mes Vacances en Espagne*.)

La révolution militaire qui vient de faire son entrée triomphale à Madrid, occupe en ce moment le monde entier. L'heure est sonnée, disent les uns, pour remuer l'Espagne de fond en comble. Voici l'occasion, écrivent les autres, de proclamer la république dans la patrie de Ferdinand d'Aragon et d'Isabelle de Castille.

Que va-t-on faire? que va devenir le siége vide d'une monarchie qui commença à Covadonga et semble finir à Saint-Sébastien ? La chute du trône constitutionnel est-ce la chute du trône traditionnel? Ceux qui viennent de briser un sceptre parlementaire, créé par eux-mêmes et défendu pendant trente-cinq ans par toute l'Espagne constitutionnelle, seront-ils renversés à leur tour du fauteuil ministériel de Madrid ? Ceux qui ont chassé, bafoué et maudit leur idole *irresponsable* (d'après la Constitution), leur reine Isabelle II, *régnant et ne gouvernant pas*, trouveront-ils un chef non provisoire, mais définitif, une représentation nationale vraie dans l'Assemblée constituante de la Péninsule ? Où va le peuple de Don Sancho el Mayor, de Don Alonso VIII, de Ferdinand III et autres monarques DÉMOCRATIQUES de la vieille Espagne, de cette Espagne des *Fueros* et *Cortès* éminemment populaires ? Que demande le peuple-roi détrôné en 1521?...

Voilà ce qu'on dit, ce qu'on répète, ce que personne ne sait, ce que nul ne saurait prédire avec certitude! Tout dépend encore de la résolution que prendra ce peuple, qui a joui de *toutes* les libertés locales, provinciales, nationales; ce peuple le moins étudié et, par conséquent, le moins connu de l'Europe, surtout par ces publicistes qui le rendent solidaire de la politique de Philippe II, qui rappellent nuit et jour au monde moderne les horreurs de l'Inquisition ?

Après ces évocations anti-espagnoles, car l'intolérance et le despotisme sont l'antinomie du vrai peuple espagnol, ces publi-

---

(1) Fils d'un pauvre ouvrier de Séville, et né dans la chambre à côté de celle où virent le jour la mère et l'auteur de cette brochure : — Rue Pedro Miguel.

cistes se décorent eux-mêmes du titre de philosophes politico-historiques de la Péninsule ! Par contre, leurs adversaires absolutistes ressuscitent et étalent aux yeux des enfants du dix-neuvième siècle les exploits de Charles-Quint et de son fils, comme l'idéal de la grandeur vraie du peuple vaincu à Villalar par les armées de la maison d'Autriche. Les premiers font tout simplement de la politique de café, et les seconds de la politique inquisitoriale. C'est là toute l'erreur de certains régénérateurs de l'Espagne contemporaine !.. Hélas ! pauvre peuple de *Fueros* et de *Cortès* démocratiques !

Oui, le vrai peuple espagnol est le plus démocratique du monde, et le moment est venu de proclamer cette vérité hautement et clairement, puisque même les tyrans masqués d'une certaine coterie donnent, *gratis et amore*, des conseils et des programmes à mes compatriotes. — *Timeo danaos*.....

Nous lèverons le linceul politique étendu sur le peuple espagnol par la main de fer d'un despotisme étranger. Nous ferons voir à ceux qui l'ignorent ou feignent l'ignorer, que la plaie profonde de mon pays, surtout depuis l'implantation du parlementarisme dans la Péninsule, consiste à imiter les formes et les lois doctrinaires de l'étranger. — « Qu'y-a-il de commun, dit M. Ed. Quinet aux Espagnols, entre la passion loyale de votre peuple et les masques de nos orateurs de théâtre ? En quoi *l'imitation de nos pluies* peut-elle parler à l'imagination, à l'enthousiasme, au génie de votre peuple ? Hier la foule vous demandait le roi absolu NETO ; et par là elle vous avertissait que votre salut est dans une décision hardie, héroïque, CONFORME A L'ESPRIT *de votre pays* : ou la vraie *servitude*, ou la vraie *liberté*, l'une ou l'autre. Quant à ce *mélange* de *légitimité* et de *bâtardise*, de *noblesse contrefaite* et de *dégénération réelle*, où beaucoup d'autres se complaisent, *tout annonce* que vous ne pouvez qu'y engloutir avec votre caractère propre, ce qui vous reste d'espoir et de génie. »

Je livre et recommande à la méditation de tous les hommes qui s'occupent de ma patrie le texte de l'auteur de *Mes Vacances en Espagne*, dont j'ai souligné quelques paroles. Cet écrivain français a si profondément saisi le génie politique de notre peuple, que je ne crois pas possible qu'un autre penseur parvienne à écrire de plus belles pages sur l'Espagne contemporaine. Je n'admets pas toutes les appréciations de l'honorable publiciste exilé, mais quant au fond de son examen des mœurs politiques de la Péninsule, je le répète avec une sympathie aussi patriotique que respectueuse, M. Quinet est le publiciste qui a épuisé ce point transcendant de l'Espagne. Honneur et gratitude à celui qui parle si noblement et si philosophiquement de notre peuple !

Puisque l'occasion se présente, j'exposerai sommairement la *démocratie espagnole*, et je pense que nombre de mes lecteurs seront surpris de lire les libertés soi-disant NOUVELLES dans l'extrait que je ferai de nos *vieux* recueils populaires. On a tant parlé de cette Espagne absolutiste, inquisitoriale, arriérée et fanatique, qu'il est très rare de rencontrer sur la terre étrangère quelqu'un qui nous entretienne d'autre chose, à l'occasion des événements actuels de mon pays.

Commençons par les *Cortès* générales de Léon, où le peuple de la Péninsule eut une représentation nationale vraie et *double* de celle des autres classes de la société. Cela se pratiquait depuis le début de la monarchie des Goths. Voici un texte desdites *Cortès* : *Judicato ergo Ecclesiæ judicio, adeptaque justitia, agatur causa Regis et deinde* POPULORUM Oui, dans ces *Cortès* furent traités par les *représentants du peuple* tous les intérêts du *peuple espagnol.*

Dans les *Cortes* de Benavente (1202), le roi Alphonse IX convoquait ses sujets par ces remarquables paroles : *Fago saber a todos los presentes é aquellos que han de venir, que estando en Benavente é presentes los caballeros, é mis versallos é* MUCHOS DE CADA VILLA *en mio regno,* etc. Le roi fait savoir à tous présents et à venir qu'à Benavente se trouvent les nobles et *nombre d'habitants de chaque localité,* etc.

Dans les *Cortés* de Valladolid (1518), où les mesures les plus démocratiques furent statuées, et où se trouvait un nombre de *représentants du peuple* presque TRIPLE de celui *de la noblesse et du clergé*, on adressa au roi ces paroles : *Rien ne vous fait roi que l'administration de la justice. Quand les sujets dorment, les rois veillent.* En vérité, le roi *est un* MERCENAIRE *de ses vassaux...* (!!!)

Je finirai cet extrait de nos anciennes *Cortès* par les paroles que les fiers Aragonais adressaient à leurs monarques : *Chacun de nous* VAUT AUTANT *que vous, et, tous réunis, nous* VALONS PLUS *que vous* (!!!)

Ajoutons que dans nos vieux codes, on trouve : la tolérance religieuse, le droit de pétition, *l'habeas corpus*, la représentation nationale dans *une seule* chambre, le suffrage universel pour la nomination de juges, maires, etc.; l'inviolabilité du domicile, le jury, l'unité de *fueros* (franchises); et l'amortisation y est blâmée, ainsi que la conscription. Enfin, les *Cortés* et les codes de la vieille Espagne ne connaissaient point la centralisation administrative !

Voilà un résumé des *libertés démocratiques* de ce peuple aussi brave que noble, mais épuisé, opprimé, divisé et souillé de sang par le faux libéralisme moderne !.... *Quantum mutatus ab illo !!!*

Voilà le peuple le plus démocratique du monde !

C'est déplorable qu'il ne soit pas connu; et je suis forcé de dire cela publiquement, afin de prévenir les acheteurs de certains journaux, brochures et même volumes, où l'on *jase* des affaires de l'Espagne avec la même érudition, profondeur et bonne foi que pourrait le faire un rapporteur payé pour parler d'une nation ennemie et moins connue que la Chine ou la Perse !...

Aujourd'hui, enfin, va-t-on connaître l'Espagne ? Tout le monde en cause en ce moment, même certains républicains !... Mais le peuple espagnol n'a pas encore parlé, non. Les cris de joie, les vivats divers, les proclamations multiples, les projets sans nombre des vainqueurs du pont d'Alcolea ne sont pas la voix ni la volonté de tous les habitants de la Péninsule. Le lion n'a pas encore rugi ! Il se réveille peut-être, mais son rugissement n'a pas encore retenti !... Le voilà au pied de ce trône constitutionnel en ruines ; de ce trône vermoulu depuis longtemps par la corruption parlementaire ; de ce trône *irresponsable* renversé par ceux-là mêmes qui l'avaient étayé sur une montagne de cadavres; par ceux-là mêmes dont les tripotages de liberté, de progrès sans boussole, de mensonges politiques, les ont rendus à tout jamais *responsables !*

Le lion n'a pas encore rugi ! Il se tient près de ce piédestal séculaire ébranlé par les fautes politiques de trente-cinq années de parlementarisme ! Qui osera approcher du lion et lui dire : « *Ote-toi de là, nous allons fonder ceci ou cela à notre guise?...* »

SANS LA VOLONTÉ DU VRAI PEUPLE, QUE PEUT-ON FONDER DE BON ET DE DURABLE?... — RIEN !!!

Ah ! combien d'espérances déçues ! combien de chants de triomphe vont se changer en pleurs !... Parle, ô mon peuple, parle !... Le monde entier attend ton mot suprême !!!

La nation espagnole est à cette heure comme un navire au milieu de l'orage, ballotté par des vents contraires. Où est le pilote qui doit tenir le gouvernail, dirigé autrefois par un Ximenez de Cisneros ?

L'anarchie en Espagne !... O Dieu ! qu'on ne dise pas de ma chère patrie : — *Rari nantes in gurgite vasto !!!*


# LES ACCOLADES POLITIQUES DE L'ESPAGNE

## ET UN PRÉTENDANT ANGLAIS

### I

L'accolade de Maroto et d'Espartero, en 1839, raffermit le régime des fusillades et des *pronunciamientos*. Elle raffermit cette politique constitutionnelle qui, faussée par la haine et l'ambition des partis et même par des vues personnelles les plus odieuses, devait un jour causer la ruine d'un trône en 1868.

En effet, l'accolade de Vergara fut suivie du sacrifice injuste du digne et valeureux général D. Diego de León, comte de Belascoîn, de D. Grégorio Guiroga, D. Manuel Boria, D. José Gobernado, du général Borso di Carminati et de l'ex-député Montes de Oca. Le duc de San Carlos, les maréchaux Concha et O'Donnell auraient subi le même sort, s'ils ne s'étaient pas réfugiés en France. Comme la ville de Barcelone, ce grand rempart de la constitution, ne put pas « se réfugier à l'étranger », elle fut bombardée impitoyablement par les obus du régent du royaume constitutionnel, « Duc de la Victoire » (?) et « Pacificateur de l'Espagne ! »

Barcelonne, la plus ouvrière, la plus démocratique et la plus industrielle des villes espagnoles, fut la première grande et noble victime du soi-disant défenseur de la « volonté nationale... » de celui que certains membres du gouvernement provisoire de Madrid appellent en 1868 à diriger les « affaires » de la révolte de Cadix !

Espartero, le militaire qui, après avoir prêté un serment de fidélité éternelle sur le berceau de l'innocence royale, et après avoir gouverné l'Espagne au nom de la Constitution et de la reine Isabelle II, encourage en ce moment des démolisseurs « responsables » d'un trône « irresponsable ! » Espartero, qui, tous ses lauriers souillés du sang de ses frères, approche du tombeau de sa gloire politico-militaire le front marqué de l'ineptie et, dirait-on, de l'indifférence cruelle !

On nous a confié une lettre d'un démocrate des plus radicaux et des plus honorables de la Péninsule, protestant d'une manière solennelle contre ceux qui appellent Espartero au gouvernement provisoire de Madrid. M. Pi y Margall proteste aussi contre ceux qui ont mis sa signature en bas d'un programme républicain publié par la presse franco-espagnole, sans ne l'avoir pas même consulté !...

La seconde accolade politique eut lieu à Madrid entre l'ex-Régent progressiste et le général Comte de Lucena, inventeur de l'*Union libérale* et vainqueur de Vicalvaro ! Ce fut le scepticisme politico-constitutionnel... à coups de canons qui entra triomphalement à Madrid en 1854 ! — Quelle tragi-comédie !

Cette seconde accolade fut suivie de la mitraille « unioniste », laquelle visita un beau matin la milice nationale de Madrid, qui avait aidé « souverainement » le GRAND CHRÉTIEN à prendre d'assaut le fauteuil de la présidence ministérielle du gouvernement de la reine. Le « Duc de la Victoire », ami de Maroto, était là lors de la visite « unioniste » à la milice du peuple « souverain ! »

Espartero démontra, à cette occasion, qu'il était le vrai « Pacificateur de l'Espagne », car il s'en alla bien « pacifiquement » soigner à Logrono la malencontreuse « volonté nationale », son idole bien-aimé !!! — On dit que c'est à Logrono que cette « volonté nationale » est aux abois !...

L'accolade de Prim et de Serrano, la troisième, qu'enfantera-t-elle en 1868 ?.... L'anarchie sanglante, peut-être !

Peut-être aussi les habitants de Madrid aiment-ils trop les

accolades libérales des faiseurs de *pronunciamientos !* Hélas! pauvre peuple espagnol !

## II

On ose parler en Europe d'un certain Anglais, duc d'Edimbourg, lequel Anglais, dit-on, s'est avisé de s'asseoir sur le trône de Saint-Ferdinand. Ce n'est que lorsqu'il s'agit de l'Espagne « prononcée » qu'on peut débiter de pareilles rêveries, de semblables guet-apens contre le bon sens politique de mes compatriotes !

Un roi anglais protestant ou non protestant dans ma patrie !!... Bah !... Allons donc, messieurs les marchands d'utopies éminemment anti-espagnoles !

On reproche à la France catholique les massacres de la Saint-Barthélemy...n'est-ce pas ? Eh! bien, Français du dix-neuvième siècle, sachez que la seconde édition de cette échauffourée du fanatisme politico-religieux sera bientôt reprochée aux Espagnols d'aujourd'hui, si l'intrigue du diable ou le Judas de Gibraltar se hasarde à faire siéger un *milord* sur le trône de Ferdinand VII !!!...

Ces grands politiques qui proposent un « Anglais » pour roi d'Espagne, ont oublié piteusement que l'ombre sévère de Philippe II se promène dans les corridors de l'Escurial, et que les soldats mal armés de Castanos racontent encore à leurs enfants des histoires d'indépendance nationale.

Un prince anglais « pur sang » dans la Péninsule !... Soit ! mais qu'on supprime avant les démocrates espagnols de la future république, les unionistes espagnols qui aiment tendrement le prince des Asturies, les modérés espagnols, amis de la reine Isabelle, et, surtout, les partisans de l'absolutisme et les socialistes !

Pour ce qui me concerne, je proteste, à Paris, contre tout prétendant royal qui descendrait d'une dynastie ayant fourni à l'Espagne un seul instant de honte, un seul regret de n'avoir pas encore vengé une trahison quelconque de l'étranger sur notre territoire !... Je n'ai jamais crié : « A bas un trône !... » Je m'engage, non-seulement à pousser ce cri, mais encore à agir de toutes mes forces, si les fautes politiques de qui que ce soit font occuper le trône vide de ma patrie par un seigneur quelconque de la nation dont le drapeau, souillé par la duperie brutale, flotte au vent de la Péninsule ibérique !!!

La république en Espagne !... Oui !... Vive la république !... plutôt que : « Vive un roi anglais !!! »

Ah ! *quos Deus perdere vult, dementat prius !*

## AU SUJET D'UNE LETTRE
# SUR LES PRONUNCIAMIENTOS

A la suite d'une lettre que j'ai publiée dans un journal de Paris, on me reproche, dans une publication anonyme, d'avoir blâmé la conduite de certains organes de la presse parisienne vis-à-vis de mon pays.

Or, est-ce assez d'un « on dit » pour qu'un journaliste impartial s'empresse de publier sans réserve un outrage des plus indignes contre un peuple tout entier et solidaire? Que dirait l'auteur de la publication anonyme si, d'après un « m'a-t-on dit, » j'avais assuré, dans ma lettre précitée, que lui et toute sa famille étaient des « *brigands*, des *voleurs* et des *assassins*, » ainsi qu'il a été dit à l'adresse du peuple espagnol par une feuille parisienne, le 25 septembre dernier?... Et l'on ose reprocher à l'exilé la défense de sa patrie malheureuse!! Où sont donc le sens moral, la justice, la loyauté et l'honneur?... *Ubinam gentium sumus?*

L'écrivain anonyme prétend que ma protestation patriotique et souverainement indépendante voulait dire qu'on avait calomnié une reine. J'ai affirmé loyalement qu'une reine, quel que soit son mérite comme telle, est toujours respectable, parce qu'elle est une « SENORA. » Je ne pense pas qu'il soit un homme assez pur et autorisé pour se permettre de jeter en public et à outrance la pierre de l'opprobre à n'importe quelle dame ! Chacun peut bien penser le contraire, mais non pas, ce me semble, réussir tout à fait à agir selon une pensée qui choque les préceptes de l'Evangile, les lois de la justice et les convenances publiques !

Mon contradicteur inconnu suppose que j'ai applaudi de tout mon cœur le « laissez passer » des « femmes honnêtes à pied, » de Desgenais. A quoi bon cette allusion ? Serait-ce que le siècle de Messaline est venu à Paris avec celui de la peine du talion... immotivée ? Serait-ce que j'aie pu porter atteinte à l'honorabilité d'un adversaire dont l'existence ne m'a été révélée qu'*après* ma lettre susdite ?... Allons donc ! je ne connais pas ce « laisssez passer à la Desgenais, » mais bien quelques-uns des partisans et peut-être inspirateurs de la publication anonyme et « soi-disant ESPAGNOLE, » lesquels savent *par pratique* que je ne me suis jamais refusé à fraterniser cordialement avec mes plus grands ennemis politiques espagnols. Je ne connais pas plus Desgenais que les représailles personnelles que pourrait motiver tout oubli sur mon compte des règles de la courtoisie et de la justice qu'on doit toujours apporter dans les discussions.

Quant aux erreurs biographiques parues dans une feuille parisienne des « mieux renseignées, » le 25 septembre dernier, et que j ai cru devoir relever, mon adversaire les avoue franchement, en s'efforçant toutefois de les excuser, même par « l'*infidélité des traductions.* » (?) — Bah !

Or, quel journal peut avoir rencontré la « traduction » de l'amiral *Mendez-Nunez*, en « Frégate, » et celle de l'amiral *Pareja* (défunt), « commandant en chef l'attaque du Callao?.... » Peut-on s'aviser de « traduire » si absurdement des hommes « connus » de tout le monde ?... — Allons donc ! (1)

Ainsi, les âges à venir connaîtront avec effroi certains *patres conscripti* constitutionnels de l'Espagne contemporaine, lesquels encouragent par les moyens *ad hoc* des organes imprimés pour renseigner l'opinion publique de ce siècle, si fier du nombre d'histoires et de philolosophies de l'histoire..... en complet désaccord ! — O logique !

O peuple travailleur ! gare à nombre d'historiens qui te *vendent* à vil prix ! ! !

# LES COMPTENTEURS DU GENIE CASTILLAN

C'est dans l'ancienne Flandre, hier dépendante, aujourd'hui déployant les ailes de son activité, que vient de se faire entendre une voix puissante, vibrant à l'unisson de la lyre de nos grands poëtes. Il vient à mon aide l'accent de ce chantre du vrai, du beau et du bien, trinité divine, espèce de lumières à triples rayons, qui descend du ciel sur l'âme humaine, pour s'en retourner après s'unifier en Dieu, Trinité — Unité de toute vérité, de toute beauté, de toute bonté.

Or, n'est-il pas juste que, si mon patriotisme s'élève parfois avec énergie contre les contempteurs du génie castillan, je coure au devant de l'auteur de « *l'Histoire de la poésie espagnole,* » de ce nouveau champion enthousiaste de nos gloires les plus pures, les plus légitimes ? Voilà pourquoi je tiens en ce moment la plume de la reconnaissance envers M. Loise, qui, d'une région étrangère, vient se placer à côté des faibles. Sois le bienvenu, athlète généreux !.... Je te salue au nom de cette grande infortune, de ma mère l'Espagne ! Hélas ! elle se trouve délais-

---

(1) Il me parvient à l'instant même un journal parisien (17 octobre), reproduisant la biographie de la... Frégate *Mendez-Nunez* !...

20 octobre. — Je reçois une lettre de l'amiral *Mendez-Nunez*, signée à bord de la frégate *Navas de Tolosa.* Donc...!

séc, cette ancienne reine de tant de peuples !.... Elle est pauvre celle qui se défit un jour de son dernier joyau pour donner à ce monde qui méprisa Colomb un autre monde regorgeant de richesses !.... Ma chère patrie, tu ne seras plus aussi grande ni aussi riche que tu l'as été ; mais tu seras encore riche et grande ! Le Lion espagnol ne dort pas le sommeil de la mort ; le sang de tes enfants n'est pas glacé dans leurs veines.... non ! car moi, le plus petit d'entre eux, je le sens bouillonner avec force dans les miennes. Oui, tu seras encore riche et grande, mon Espagne bien aimée !

## II

Si nous pouvons juger du génie et de l'avenir d'un peuple par sa littérature, aucun n'a plus de titres acquis à la grandeur, ni plus de motifs d'espoir dans sa destinée que le peuple espagnol, même en l'étudiant bien en arrière dans l'histoire. Quintilien, les deux Sénèque, Martial, Lucain, Orose, Isidore, et autres génies qui brillèrent d'un éclat impérissable, sont nés sous le beau ciel de l'Espagne. Les voilà, les maîtres de la littérature, avec les Trajan, les Marc-Aurèle, les Adriens, les Théodose, empereurs romains, tous de la Péninsule ! Si l'Ibérie parvint à un tel degré de splendeur et de puissance, lorsqu'elle se débattait avec héroïsme sous la double domination de Rome et de Carthage, nous ne devons pas nous étonner du développement que prit notre génie national, aussitôt remis dans sa spontanéité naturelle, après les deux invasions successives de notre territoire.

En effet, au commencement de cette lutte contre les sectaires du Prophète, contre ces armées victorieuses, qui furent arrêtées par Pélage au pied d'un rocher des Asturies, duquel jaillirent, comme d'un caillou frappé par l'épée de la vengeance divine, les premiers éclats libres du feu sacré de notre race ; au début, dis-je, de cette guerre, pendant laquelle furent livrées aux phalanges de Mahomet trois mille six cents batailles, la Péninsule déploya toute son activité physique et morale. Sans Pélage dans les Asturies, sans Charles Martel à Tours, sans Sobieski aux portes de Vienne, et surtout, sans une Providence au ciel, l'Europe entière serait peut-être aujourd'hui un grand marché d'esclaves, une pépinière d'eunuques et le sérail par excellence de quelque sultan ayant pour sceptre le fatalisme et le caprice. Pélage ! Martel ! Sobieski ! je vous salue au nom de la civilisation ; je vous salue au nom de la Croix délibératrice délivrant le monde du culte des idoles, arrêtant devant elle les Attila de la barbarie et reparaissant sur la voûte sociale après les orages de l'histoire, comme l'arc-en-ciel de la Miséricorde après les déluges de la Justice !

Oui, ce fut sur les montagnes des Asturies que les héros de Cavadonga firent entendre au monde le premier chant de cette épopée de huit siècles, de cette lutte de géants, acharnée, tenace, sans trêve, laquelle ne devait finir que le jour où la main généreuse qui releva Colomb de la poussière du mépris et de la détresse, prendrait l'un des étendards qui flottaient au vent de la victoire sur les remparts de Grenade, pour le planter, à côté de l'enseigne divine, au sommet des Cordilières du Nouveau-Monde.

Oui, rappelons-le avec une fierté tout émue, puisque l'auteur de l'*Histoire de la poésie espagnole* vient de remuer, d'une main respectueuse, les cendres vénérables de nos poètes, de nos héros. Rappelons-le, puisque la jalousie, l'ingratitude et la mauvaise foi s'efforcent d'étendre sur nos grands hommes le drap mortuaire de l'injustice et de l'oubli. Rappelons-le, enfin, pour que les ombres augustes de nos ancêtres, évoquées par la magie d'un récit étranger, commandent le respect aux dieux de l'orgueil, et le silence aux vociférateurs qui jettent un blâme éternel sur la patrie de Cervantes!

Or, tandis que les armées européennes et les tribus guerrières du monde de Colomb courbaient la tête devant nos capitaines, une phalange de grands écrivains apparut, comme tirée du néant par un *fiat* de la Providence. Ah! oui, la lyre et le pinceau, le ciseau et la plume, le cothurne et la chaire furent dignes de l'épée de Cortès et de Gonzalve de Cordoue! Ce fut alors que nos génies enfantèrent et que nos savants préparèrent ces modèles classiques sur lesquels les plus beaux esprits de l'Europe devaient venir mouler leurs conceptions et leurs travaux! Précisément aujourd'hui, que nous avons presque le même nombre d'histoires et de philosophies de l'histoire qu'il est de cerveaux malades, on écrit et on répète ce qui suit à l'égard de notre littérature :

« L'Espagne, assure M. Delatouche, malgré ses prétentions de génie et d'originalité, reste *loin derrière* la France *en fait* d'originalité et de génie. La France a été le pays où sont venues s'inspirer *toutes* les nations européennes. La France *seule* a gardé le type de la beauté *pure*. »

« L'Espagne extravague, tout y est exagéré ; la liberté chez eux (?) devient licence ; le pouvoir, despotisme ; la religion, fanatisme ; la justice, cruauté ; l'honneur, susceptibilité, *point d'honneur* (sic !)....

Ils (les Espagnols) ne pouvaient faire UNE BONNE COMÉDIE de caractère ou de mœurs..... »

. . . . . . . . . . .

Eh bien! que l'anti-licencieux, l'anti-despote, l'anti-fanatique, l'anti-cruel et l'anti *point d'honneur*. M. Delatouche daigne écouter ceci :

« *Aucun* auteur espagnol, a dit Voltaire, *n'a traduit, ni imité aucun* auteur français jusqu'au règne de Philippe V ; nous, au contraire, « nous avons pris » aux Espagnols « plus de quarante compositions dramatiques. » Et ceci : « C'est aux Espagnols que « nous devons » notre *première* tragédie pathétique, LE CID, et notre *première* comédie de caractère, LE MENTEUR, imité d'Alarcon. LE MENTEUR n'est qu'une « traduction », mais c'est probablement à cette traduction que nous devons Molière. — Cette comédie, dit Corneille dans sa préface du MENTEUR, n'est qu'une « copie » d'un excellent original, c'est-à-dire de LA VERDAD SOSPECHOSA, » ajoutant « qu'il n'avait rien trouvé de comparable à cette comédie ni chez les « anciens » ni chez les « modernes !.... » Puis encore : — Selon l'habitude de ce temps-là, mon oncle, dit Fontenelle, en parlant de P. Corneille, à propos de DON SANCHE, a entièrement pris cette comédie de l'Espagnol. » (Florian.)

— « Les Français doivent « cent fois » plus aux Espagnols, en fait de littérature dramatique, qu'à toutes les autres nations. » (*Linguet.*)

Donc, l'avis de Voltaire, du grand Corneille, de Florian, de Fontenelle, de Linguet et d'autres, n'est pas du tout celui des démolisseurs de notre littérature, de toute originalité personnelle et nationale, de la gloire des génies envoyés ici bas par le ciel comme des colonnes lumineuses pour guider l'humanité vers la terre promise, qui, à l'instar d'un océan sans bornes, s'étend devant les yeux de notre âme !

Les vrais génies sont le rayon du soleil des âmes: il les éclairent et les réchauffent à la fois; ils sont les guides de l'humanité à travers cette vallée de larmes pétries par la boue du matérialisme et rougies d'un sang fraternel, dont on prétend arrêter l'effusion par le progrès des engins de guerre !....

Corneille, Molière ! vous vous êtes inclinés un instant devant les maîtres de la littérature de ma patrie, dont le génie et l'originalité avaient frayé le chemin de votre gloire !.... Vous avez aimé la justice, et par là vous êtes devenus grands, immortels !

Corneille, Molière ! génies au cœur grand et noble, astres resplendissants de justice et d'amour, vraies gloires de la France ;.... je vous salue au nom de l'Amour et de la Justice ! ! !

### III

Le beau livre qui réveille en nous ces souvenirs nous vient, ainsi que je l'ai indiqué plus haut, d'une contrée qui fut jadis un des joyaux de la couronne de Castille. Dans ses villes, dont quelques-unes gardent encore le sceau de l'ancienne grandeur espagnole, on imprimait avec empressement les chefs-d'œuvre de notre littérature. C'est à Anvers, l'une des villes mémorables de cette région active, avancée et sympathique, que fut publiée une des éditions du *Romancero* les plus splendides de cette époque. Le *Romancero!* — « cette urne précieuse qui garde tout le génie, tout l'héroïsme, le cœur tout entier de l'Espagne ! » Le *Romancero!* voilà dans un seul mot cette épopée de huit siècles, portant la signature, non pas d'un grand homme, mais bien d'un grand peuple, lequel ne quittait la lyre inspirée que pour prendre l'épée de l'indépendance, de la foi et de l'honneur castillan!

C'est à Anvers aussi que fut éditée, pour la première fois, la

Bible polyglotte du célèbre érudit espagnol, Arias Montano, composée et publiée d'après les ordres du fameux ministre Ximenez de Cisneros, ce religieux qui dormait sur une planche de bois, d'où il se levait pour se montrer au balcon de la Régence, sommant d'une voix énergique l'orgueil des grands en révolte de céder à la loi; Ximenez le défenseur des opprimés et des faibles. C'est de ce moine, aussi humble devant Dieu que fier et inébranlable devant les contempteurs de la Justice, le Mécène des écrivains de son temps et celui dont l'administration loyale prépara cet empire où le soleil ne se couchait jamais, que M. Léonce Mallefille a dit : — « L'Espagne, qui doit au clergé ses plus grands poètes, lui doit aussi, ainsi que la France, son plus grand ministre. »

Aujourd'hui que le baume du temps a cicatrisé les plaies de l'histoire, M. Loise, l'*Histoire* de notre poésie à la main, est l'ange messager de la réconciliation morale et le digne interprète du vrai, du beau et du bien, car son livre n'est pas seulement une histoire consciencieuse et sympathique, il est aussi un poème sublime, malgré sa forme littéraire. J'appelle poésie, non-seulement ce qui est écrit en vers et qui porte la marque d'un génie inspiré, mais aussi tout ce qui est écrit en prose et qui élève l'âme humaine vers le grand, le noble et le beau. C'est dans l'exactitude des faits et dans les conceptions de l'art chrétien, que le professeur de Tournai a puisé les matériaux de son œuvre qu'il a su élever à la plus haute éloquence. Ainsi que je l'ai dit dans ma première appréciation de « l'*Histoire de la poésie espagnole,* » (1) on dirait, en parcourant ces belles pages un Espagnol célébrant les gloires de sa patrie. Telle a été l'impression ressentie par mon cœur à la première lecture de l'ouvrage du grand écrivain belge. C'est pour moi le plus puissant mobile, et la cause efficiente de l'éloge sincère que je fais du savant littérateur. Par un élan généreux, il vient rejoindre les défenseurs d'une nation déchue, mais sympathique aux cœurs nobles ; ils sont rares dans ce siècle de l'*or* et du *moi* déifiés par les égarements de la raison et par les sectateurs du progrès exclusif de la matière ! Honneur aux chevaliers de la justice et de l'amour ! Gloire éternelle aux défenseurs dévoués des délaissés de ce monde !

Quant au style du professeur de rhétorique française à l'Athénée royal de Tournai, je dois constater de nouveau que, malgré mes études sur la langue de Racine et de Mme de Sévigné, je n'oserais critiquer un livre écrit dans l'idiome le plus difficile, peut-être, de tous ceux qui ont pour mère la langue latine. Mes lecteurs voudront bien pardonner à ma plume étrangère d'avoir osé se servir d'un langage dont si peu d'écrivains ont atteint la perfection. Si je devais parler du style de M. Loise, je citerais le témoignage de l'Académie royale belge qui, en 1858, a proclamé l'excellence de la forme littéraire de l'auteur de « l'*Histoire de la poésie espagnole,* » lequel est grandement loué, sous ce rapport, en France et en Belgique.

1) Un beau volume. En vente chez M. Hachette, boulevard St-Germain, 77.

Plusieurs critiques d'une notoriété des plus respectables, français et belges, se sont occupés de l'œuvre littéraire de ce champion des gloires de mon pays. Ils sont tous d'accord sur la grandeur des vues, l'élévation morale, le tact délicat et la haute impartialité de l'auteur. J'ignore si mon patriotisme a été l'un des premiers à aller au devant de ce vaillant écrivain. Je dis mon patriotisme, car je suis encore si profondément touché de la lecture de ce livre, qu'il me serait impossible d'en faire une analyse étendue, quand ma plume serait celle d'un savant. Tout est évoqué par un récit et un pinceau magiques, dans ce tableau de la poésie espagnole. En le contemplant de cet œil plein de joie mélancolique qui se fixe sur le portrait d'une mère chérie, enlevée au ciel par l'ange de l'amour, je me suis écrié d'un accent qui épuise ma parole :

Ma mère l'Espagne ! tu n'as pas été seulement radieuse des splendeurs de tes poètes inspirés ! Non, tes Pindare, tes Eschyle, tes Sophocle, tes Juvénal, tes Horace, tes Virgile, tes Théocrite et tes Anacréon, ne sont pas tous les rayons de ta gloire !... Oh ! si je pouvais faire descendre du sommet de l'art suprême tes Apelle et tes Phidias qui, avant de s'en retourner au Ciel, en laissèrent l'image sur la terre !

La noble élégance de Tite Live, l'admirable simplicité de César, la précision de Salluste, la profonde énergie de Tacite se retrouvent chez tes historiens !

La passion qui entraîne tous les cœurs en les portant vers le bien, le grandiose et le naturel des images, l'harmonie et le mouvement de la phrase et cette éloquence qui ravit toutes les facultés de l'âme, se trouvent aussi chez tes orateurs et tes écrivains religieux !... — « Jamais (dit M. Edgard Quinet à propos de ces derniers), l'homme n'a parlé un langage si magnifique et si pompeux que lorsqu'il a voulu se dépouiller et se démettre devant Dieu. — Tout semble froid auprès de ces paroles de feu. Cette ivresse de l'amour divin, cette fièvre de l'âme, n'excluent pas la correction, la majesté, la beauté des formes du discours. — Les écrivains mystiques, Louis de Léon surtout, de même que les rois Mages apportaient l'encens et la myrrhe d'Arabie au pied de la crèche, réunissent tout ce que l'idiome castillan renferme d'or pur et de joyaux pour les mettre aux pieds du Christ. »

Oui, cette voix dont l'émotion fait sortir du tombeau de l'indifférence les Lazare de l'esprit !... cette voix humble qui va foudroyer les grands de l'orgueil sur leurs trônes et relever les petits, les humbles, jusqu'au pied même du Trône éternel !... cette voix dont l'expression épuise les ressources de toutes les langues, dont les éclats divins illuminent toutes les profondeurs du cœur de l'homme faisant de l'éloquence de la créature une révélation du Créateur, se trouve uniquement dans la bouche de ceux qui vont tremper leurs lèvres à la source intarissable de l'Evangile...

Oui, c'est la voix des vrais messagers de la Bonne Nouvelle, depuis saint Pierre et saint Paul jusqu'à saint Chrysostôme, à la *bouche d'or* ; jusqu'à saint Augustin, la consolation des peuples de son temps ; jusqu'à frère Louis de Granada, le Cicéron de l'Espagne ; jusqu'à Bossuet, le Démosthènes de la France ; jusqu'à Lacordaire, l'aigle de la liberté chrétienne, parcourant d'un vol hardi, sublime, tous les horizons de la civilisation moderne, et fixant même de son œil audacieux toutes les civilisations à venir !...

Et qui pourra décrire, ma patrie bien-aimée, la science et l'érudition de tes enfants, depuis Alphonse le Sage jusqu'à Luis Vivès ; depuis le Brocense et Simon Abril jusqu'aux deux Covarrubias et Sanctius ; depuis Feijoo, Mayans y Siscar, jusqu'à Campomanes ; depuis Jovellanos jusqu'à Balmès et Donoso Cortès ?... Oh ! que tu as été grande et glorieuse, ma mère l'Espagne ! et tu le seras encore !... Non ! ton génie n'est pas éteint ! je le vois briller en ce moment sur le front de tes enfants d'aujourd'hui ! Courage et espérance ! car ces nouveaux génies sont l'aurore de ta gloire future. Oui ! tu te montreras encore sur ton piédestal, rayonnante de splendeur et de force, car ce piédestal est debout, inébranlable comme la valeur castillane ! Tu t'y montreras entourée de tous les Espagnols qui auront une foi au milieu du chaos des esprits de l'âge moderne ; tu t'y montreras entourée et soutenue par tous les Espagnols qui auront un bras de héros au milieu de cet amolissement de toutes les forces du corps et du cœur !

Et toi, champion généreux, qui viens d'une région étrangère te ranger à côté des faibles, traversant d'un pied ferme et d'une démarche imposante la foule des indifférents et le camp de nos ennemis, en tenant d'une main robuste le drapeau d'honneur de nos grands poètes... je te salue encore une fois, au nom de cette grande infortune.... oui ! — au nom de ma mère l'Espagne ! ! !

## NUEVAS POESIAS (1)

Grand poëte, merci pour ce beau souvenir,
Ces fleurs que tu cueillis près du Guadalquivir.
O fleuve au cours limpide, au murmure sonore,
Sois messager auprès de l'houri que j'adore.
C'est toi, Séville, toi, mes plus tendres amours !
Où me berça ma mère, où va mon cœur toujours.
Séville ! quand pourrai-je, en quittant la Ninive,
De ton fleuve enchanteur ne plus quitter la rive ?
Séville ! quand pourrai-je, en rentrant dans ton sein,
Trouver ce que partout je chercherais en vain ?
Campillo, ces accords si pleins de mélodie,
Réjouissant mon cœur en sa mélancolie,

(1) Un beau volume de poésies espagnoles de M. Campillo, de Séville, se vend chez Gayet, libraire, rue Montmartre, 133.

C'est ton chant inspiré, poëte harmonieux,
Répétant ici-bas le grand concert des cieux.
Ces échos ravissants venant de ma patrie,
Ils sont plus qu'un poëme, ils sont sa voix chérie !
Patrie ! amour immense, inépuisable ! O Dieu,
Si ton nom s'effaçait, Patrie en tiendrait lieu !
Infirme, seul ici, sur la terre étrangère,
Je me bats, cher ami, pour l'honneur de ma mère !...
Tu ne peux pas les voir mes luttes, mes douleurs,
L'inénarrable deuil d'un solitaire en pleurs !
Dans tes vers seulement mon esprit trouve un baume....
Seul un écho divin peut être écho de l'homme !
Poëte au cœur brûlant, Campillo, noble ami,
En prouvant ton amour, tu prouves l'Infini.

   Campillo, je te vois au sommet du Parnasse,
Couronné de lauriers, dominant tout l'espace.
Aigle ! d'un vol hardi, tantôt tu fends les airs,
Tantôt, en descendant, tu vas rasant les mers ;
T'en retournant après, d'un rapide coup d'aile,
Planer loin d'ici-bas sous la voûte éternelle.
C'est là-haut, avec toi, que je voudrais monter.....
Ainsi, chantre divin, je voudrais te parler :
— Oh ! nous sommes si bien où l'idéal demeure !
Les siècles en ce lieu paraissent moins qu'une heure.
Nous sommes bien ici, loin d'un monde trompeur,
Qui ne saurait remplir les désirs d'un seul cœur !
Richesses, honneurs, plaisirs, tout n'est rien que fumée !
Ont-ils ce que veut l'âme, éternelle durée ?.....
Mais si là haut ma verve, ami, ne peut monter,
Ah ! mon cœur t'y suivra, ce cœur qui sait aimer !
Oui, l'accent de ma lyre est la voix de mon âme ....
Oui, c'est la voix d'un cœur inspiré de sa flamme !
Elle est l'écho d'amour de la terre et du ciel,
Courbés devant le trône où règne l'Eternel !
Elle est l'écho sacré de ce double poëme,
L'Infini ! le Fini ! se répétant : JE T'AIME ! !

   Campillo, cet éclat brillant à l'horizon,
De ton heureux génie est le vivant rayon.
O chantre, impérissable à jamais dans l'histoire,
Il ne s'éteindra pas ce rayon de ta gloire !
Tes accents inspirés, écho de l'Infini,
Seront vainqueurs du temps et vainqueurs de l'oubli.
Oui ! ta lyre puissante, au chant pur et sonore,
Autour de l'Eternel va retentir encore,
Car des bardes divins le chant mélodieux,
Quand il cesse ici-bas, commence dans les cieux !

                                MANUEL SALA.
Rue Montmartre, 156 (Leçons de langue et de littérature espagnole).

Paris. — Imp. Kugelmann, 13, rue Grange-Batelière.

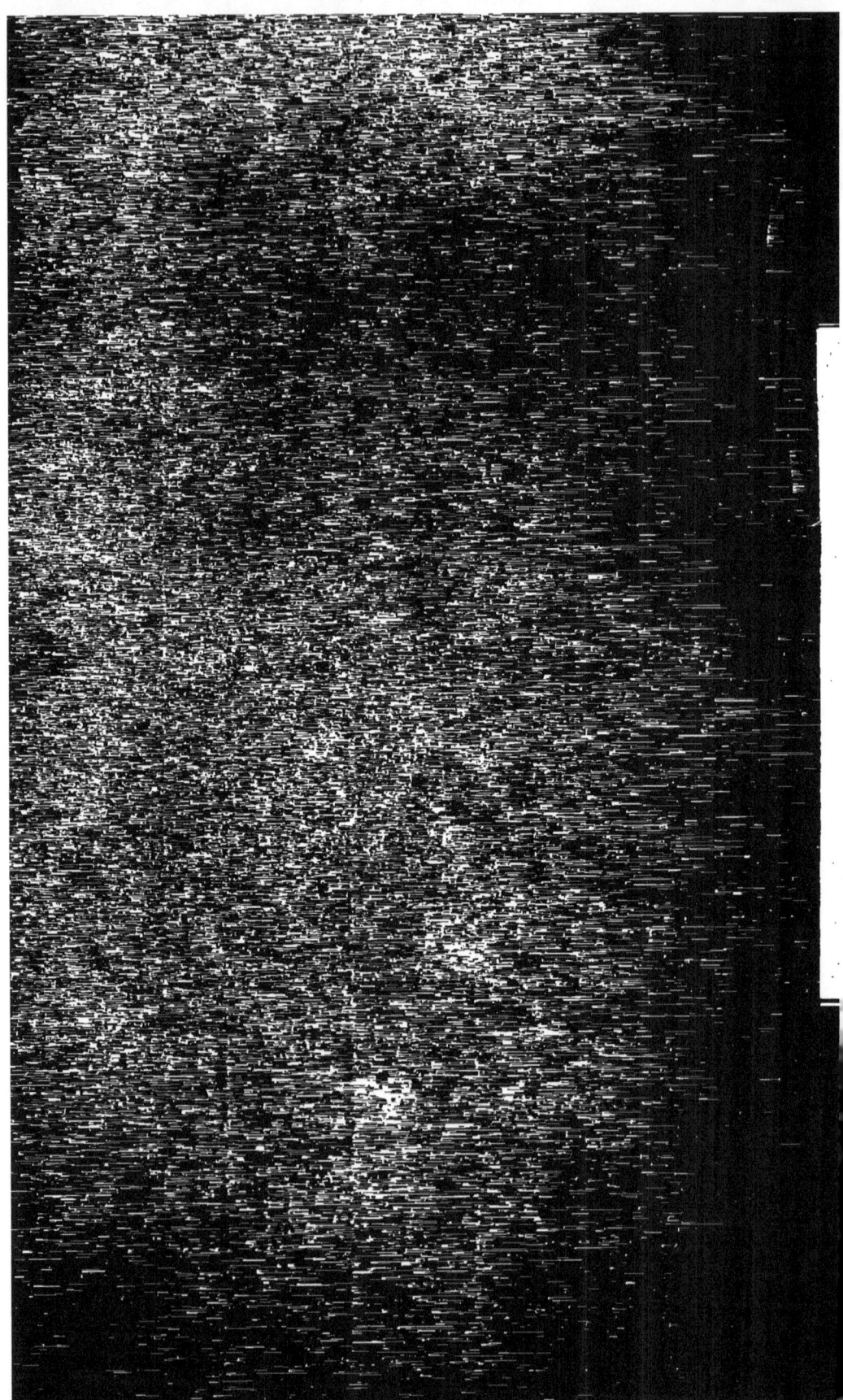

www.ingramcontent.com/pod-product-compliance
Lightning Source LLC
Chambersburg PA
CBHW070458080426
42451CB00025B/2791